JN411015

추억의 풀무질

이 도서의 국립중앙도서관 출판예정도서목록(CIP)은 서지정보유통지원시스템 홈페이지(http://seoji.nl.go.kr)와 국가자료종합목록 구축시스템(http://kolis-net.nl.go.kr)에서 이용하실 수 있습니다. (CIP제어번호 : CIP2020018511)

추억의 풀무질

최옥영 시집

그루 시선 104

그루

시인의 말

쓰러지더라도 붓을 들고

곧 죽을 것만 같던 만신창이 몸을 이끌고
어느덧 팔순을 바라보는 시절을 살게 되었습니다.

인생사 일장춘몽이라 하지만 일희일비하며

지나온 시간들은 고난과 기쁨이 뒤섞여
무척도 긴 시간들이었습니다.

병원을 들락이며 죽음을 예감할 때면
주변을 정리하고 애지중지하던 것들조차 비워야 한다는 맘에
골몰하기도 하였으나 질긴 목숨 붙어 있는 한,
무엇인가는 해야 하고
그리하여 부족한 것이지만 이렇게 모아 봅니다.

무엇인가 할 수 있다는 것만으로도
감사할 따름입니다.

부질없는 결과물인 줄 알지만
마지막까지 붓을 들고 쓰러지고 싶을 뿐입니다.

2020년 봄

최옥영

차례

3 추억의 풀무질

4 바람 앞에 흔들리는 가지

5 완전한 고독

해설

1
이름 없는 꽃

어느 봄날

대지가 잉태한 생명들이
새싹으로 뾰족 고개 내밀어도
바람에 시달리고 빛에 시달리며
생기를 잃어 가는 너의 감성
오랫동안 소요하고 있을 뿐 고향이 없다

수많은 사념들은 맥박으로 고동치는데
풀꽃 닮은 너의 몸짓
애벌레처럼 비밀스런 눈빛 대지에 숨겨 두고
태양의 배꼽에서 끝없는 광채 쏟아져도
고운 음성으로 듣지 못한 채
바라만 보는 봄

이끼 낀 명상에서
고통의 허물을 벗고
툭툭 일어나고 싶은
어느 아득한
그
날

봄의 소리

삽짝 밖 햇살 가득한 날
한 뼘 남짓 뜨락에는
하얀 목련이 흐드러지게 핀다

봄이 삐거덕거리며
애벌레 잠 깨우는 소리
흙은 달가닥거린다

풀꽃 닮은 하늘
해맑게 웃음 짓는
냉이꽃 위로 깔깔대며
봄은 내려앉는다

봄 스케치

네온 빛 일렁거리는 수성못
봄을 재촉하는 비가 내린다

희미한 가로등
불빛 사이로 내리는 우수에
연두색 옷 입은 수양버들

새싹이 봄을 깨우는
연둣빛 수묵화 향기
빗줄기 토닥토닥
가슴으로 내려앉는다

봄 뜨락

오래된 율법같이
죽은 자들의 노래가
아침 창을 두드린다

무수한 시간의 존재들이
봄 뜨락에서 나를 유혹한다
게으른 늦잠으로

무한한 존재들과 얽혀
나는 나조차 구분할 수 없다
진정 아름다운 것에서
나는 소멸되고 만다

恨

배롱나무 엮은 매듭
붉은 꽃으로 피는데
이 매듭 누가 얽어 놓았나

어리석음으로 엮고
지혜로 푼다는데
쌓인 恨만큼 어리석어

석 달 열흘 수백 년
배롱나무꽃은 피고 지고
애절한 어리석음
자줏빛으로 물들었네

가을 풍경

가창면 대일리 커다란 감나무
가지째 얻어다 뜰을 채우니
넉넉한 가을 빛깔
마음 가득 부자가 되었네

햇볕 바람에 날아가는 습기는
연주황 감빛 실어 나르는데
나누어 줄 사람들 꼽아 보니
손 아픈 줄 모르네

작은 설렘에 병고도 잊은 채
가벼운 맘 바람난 처녀 되어
꽃신을 바라본다

감 향기 앞집 옆집
첫눈 내리는 날
도 선생 고 선생 또 누군가 한 사람
하얀 분으로 치장한 곶감 앞에 두고
커피 한 잔 회상에 젖는다

권태

노교수의 강의는 앵무새처럼 반복되어야 하고
슬픈 광대는 웃으며 춤추어야 한다고 했던가

아름다운 그림이라 해도
직업이 되는 순간
경건함과 설렘조차 박제되는가

명예와 관직에
지친 자는 자유를 갈망하고
자유로움에 지친 예술가는
스스로를 구속해야 하는가

잠시의 안락 뒤로 권태가
권태 뒤로는 우울이 너울거린다
무기력이 따라온다

권태로운 왕자는
궁전을 버리고
정글로 가야 하리

凍土의 밤

긴 밤 뒤척이다 잠이 들었나

밤새워 읽어 왔던 문장들
병고와 세파에 뒤덮여
아득히 떠간다

새벽녘 홀로 깨어
잠들어 버린 기억으로
나를 돌아본다

한 치 땅도 없는 자에게
빼앗길 것 있으랴
그저 봄을 기다릴 뿐이다

성당의 종소리

꽃 같은 내 지난 젊은 날
붉은 벽돌 그윽한 성당의 종소리
어느새 마음도 저물어
검은 옷이 겨울바람에 묻히고 있다

그토록 성스럽던 성가 소리도
세월에 밀려 메아리처럼 멀어져 가고
살아온 날들 되돌아보니
아주 먼 세월이었네

그 많던 사람들 보이지 않고
첫서리 내리는 날
커피 향은 아득한 꿈결 같구나

꽃 같은 내 지난 젊은 날
붉은 벽돌 그윽한 종소리
지금은 어느덧 저물어 가는
검은 옷이 겨울바람에 묻히고 있다

이름 없는 꽃

썩어 문드러진
세월을 거름 삼아
나 혼자 피어나는 꽃

어쩌다 꽃은 피었건만
뿌리의 오욕은 그대로 남았다

화사한 햇살 아래
청춘 남녀와 노파
어린이와 고개 숙인 사람들이
지켜보는 봄날의 하루

하루만 사는 햇살에
이름 없는 꽃은
부끄러움조차 향기를 꿈꾼다

화원

집도 절도 한 치의 땅도 없는
나그네는 가는 길마다
화원이로구나
관심에 배고픈 화초는
나그네 쓸고 간 눈길에도
황홀하네

떠도는 길 기약 없고
가진 것 없는 나그네는
사람도 물건도 화초일지니

가는 길마다 꽃과 열매
뿌리의 수고로운 시절이 한가롭구나

老松의 노래

깃털 같은 가벼움으로
봄바람에 실리어
싹을 틔우고 보니
구름 위에 섰노라

위로는 하늘 뿐이요
아래로는 기암괴석뿐이라
눈비에 거칠어지고
해풍에 허리가 휘감기었노라

이 몸이 죽고 썩어
천 년이 되었건만
쉬이 쓰러지지 않는 것은
기암괴석 파고든 뿌리 덕분

한가로운 인사들
공연스레 나를 두고
쓸모없다거나 아름답다 하네

제멋대로

2
미로 앞에서

딸에게

안녕, 바보야!

너를 보면 언제나
장난치고 싶다

예쁜 얼굴 피어나는 웃음
보고 싶어도
진지함은 가슴 깊이
세월에 묻어야 꽃이 핀다면서

불효막심한 년
일 년에 서너 번 겨우 만나면서
온갖 핑계로 나를 외면했지
너의 행복이 보고 싶어
먼 길 달려왔건만

너의 얼굴 방바닥에 새겨 놓고
또 바쁘다니!

예쁘면 다냐?

나의 바람

딸아,
너는 바람의 속삭임을 들어 보았니?
어린 날의 바람은
볼을 간질이거나 옷깃을 여미게 하지만
아무런 말도 하지 않았단다
나는 바람처럼 살고 싶었다

하지만 나는
바람의 속삭이는 소릴 들으려 하지 않고
그저 바람처럼 살고 싶어 했단다

세월이 흘러 어느 날인가
신은 바람으로 다가와 말했다
나는 오는 곳도 없고 가는 곳도 없다
나는 형체가 없지만
구름과 들풀이 형상과 노래를 전한다
나는 곧 구름이며 들풀이요
나의 속삭임을 듣는 자의 가슴이다

사람아,
내가 눈물과 함께 광폭해지거든
너는 백색의 펄럭이는 깃발을
대지에 세워야 한다
나의 광폭함에 쓸려 가는 한이 있더라도
이름 없고 초라한 깃발을 지켜야 한다

분노가 슬픔을 지나
깃발 끝자락에 일렁일 수 있게
그리고 가슴에 머물 수 있게

친구에게

후덥지근한 여름이면
너의 청량한 목소리 들리네
아무것도 거칠 것 없고
주저할 것도 없이
오직 눈웃음 하나로
내 흐린 가슴 밝혀 주던 너

천 마디 말보다
눈으로 오는 말 없는 눈웃음으로
밝은 날들로 눈을 뜨는 것
낙엽 떨어지는 것에 깔깔거리고
뭇 사내를 서로 저울질하던 때

한 발 물러서 세상의 이치를 보고
다가서면 죽음조차 거침없는
우정인지 사랑인지
그 시절의 기억은 항상 너와 함께한다

사랑한다는 말조차 너무 가벼운 것은
밤에만 빛나는 별이 된다
아, 돌아갈 수 없어 더욱 간절한 별

내 사는 것을

스스로의 양심이 아니라면
과연 그 어디에서 위로 받는단 말인가?
삶은 수학이나 논리 위에 있는 것인데도
그들은 날 억압하려 든다
진실과 도덕이라는 허울을 쓰고…….

예의로 가장한 가면을 벗어 던지고
있는 그대로
관습에 길들지 않은 거친 정신 그대로
무식하지만 아름답게 살아가자

서글픈 가난은 내 삶의 원동력이니
나는 가난함을 두려워하지 않는다
진작 나를 좀먹는 것은 두려움 그 자체이리니

아무것도 아닌 나

아무것도 아닌 나도
노래 부르면 가수가 되고
시를 쓸 때면 시인이 되곤 하지

캔버스 앞에선
짐짓 화가 흉내도 내지

몸도 마음도 불편한 날
시와 노래보다
두 손 모아 기도하는 나는
성자이다. 그리고

다시 아무것도 아닌
나로 돌아간다

어른이 된다는 것

바보 같은 자신이 싫어서
시간을 거슬러 어른이 되고 싶었지

달거리를 하고 나면 어른이 되냐고
고모에게 물었지
"아이는 낳아 봐야지."

아이를 낳고
친정어미에게 물었지
"나도 이제 어른이지?"
"자식들 시집 장가는 보내 봐야지."

고모와 어미는 가고 없고
늙은 영감만 두 눈 휑하니 밥 달라고 하네

더 이상 물을 곳도 없고
세월 깊어 북망산 코앞인데
내가 어른인지 아닌지 아직도 모르겠다
누가 나에게 어른이 무어냐고 물어 오면
밥하고 청소하는 이라고 해야겠다

자신을 안다는 것

사람은 스스로에게 잠재하지 않는 것은
보거나 느낄 수가 없는가

산다는 것은 밖을 보는 게 아니라
항상 나 자신을 바라보는 일

진정으로 자신을 안다는 것은
바로 세상을 안다는 것

老子처럼
방 안에서 자신을
그리고 세상을 살피는 것이다

자화상

그 어떤 방식이나 개념으로도
시간의 끝자락에 도달할 수 없는 것은
현재뿐이기 때문

무작위로 다가오는
삶의 이미지나 생각들이
자유로울 수 있는 것은
항상 시간의 끝을 달리기 때문

별들이 서로 멀어져 가듯이
우리는 모든 사물들로부터 멀어져 가야 한다
완전한 고독과 자유 속으로

그것이 진정한 인간의 모습이므로

하얀 캔버스 앞에서

바람이 일렁이는가
깃발이 일렁이는가
내 마음이 일렁인다

인연 따라 맺고 파하는
일렁거림에 울고 웃다가
한 세월 지나왔구나

바람도 깃발도 고요한데
이내 맘은 쉬지 않고 어디로 가나

道를 아십니까

화려한 청춘 끝자락
지친 삶 막다른 골목
되돌아설 길 없고
외벽 길 돌아서 그 돌이
그 돌인 줄 모르고

십수 년 강산이 변하도록
눈과 귀 멀고
빙글빙글 돌고 돌아
사십구 년 연옥도 헤매다
귀신 될 줄 몰랐네

탈옥한 죄수인 양
모두 다 팽개치고
미치도록 감미로운 자유에 젖어

낙엽 떨어지는 벤치에 앉아
파란 하늘 겨우 날아오르는데
아낙이 말을 걸어 오네

道를 아십니까?

인연

인연이 없으면
이별도 없단다
아름다움 펼쳐 보니
추함이 가득하고
밝게 살자니
어긋남이 많아지네

생을 만났으나
항시 죽음이 가까이 있고
사랑함이 많아
아픔도 가득하네

뜬금없이 슬픔이 찾아들며
봄꽃 위로 함박눈이 내린다
가는 인연 잡지 않고
오는 인연 막지 않으니
홀로 주인 없는 찻집에서
눈꽃에다 눈을 맞춘다

미로 앞에서

나는 시방
땅끝에서 하늘을 가로지르는
무한의 미로에 갇혀 있다

더 이상 나아갈 곳 없어
되돌아가지만
또다시 그 자리 그 자리
기어코 죽어서야
벗어날 수 있는 길인가

점점 차단되는 길들은
죽음으로 인도하는
신의 자비인가

마지막 길목에 가까워질수록
시간은 황금빛으로 물들고
외길 어귀에 자개 항아리 하나 반짝거리네

3

추억의 풀무질

추억의 풀무질

검푸른 겨울 하늘에서
벌떼처럼 지상으로 내려오는
추억의 하얀 무늬를 보세요

어떤 것은 흰 무명 옷깃의
아득한 어머니의 모습으로
어떤 것은 여름날 고향 마을
초가지붕 밝히던
달밤의 하얀 박꽃으로
그리움을 풀무질하는
추억의 무늬를 눈여겨보세요

오랫동안 잊고 지내 온
아득한 우리들의 소식을
지상에 쌓고 있는
순백의 강설

추억을 풀무질하며
소리 없이 찾아오는
저 순백의 무늬를 좀 보세요

허수아비

시월이면
바람도 태양도 착하지
겸손한 들판에서 밀짚모자 눌러쓰고
새들과 바람과 벗하는
나는 허수아비

결실의 계절에
빈 마음 빈손으로
한마음 열고
머플러 휘날리며
근심 없이 들판을 누리는
나는 허수아비

계절의 폭염에도 나는
거뜬히 살아 있지

詩人의 권리

하찮은 것이지만
나는 마음껏 노래한다
타인의 이해를 구하지 않고
질시를 두려워하지 않는다

자신만의 언어가 있는 자는
앞서 보아라
그 누구도 선대의 성취를
밟아 서지 않고는
한 치도 나아갈 수 없는 것

나는 한없이 ego를 노래한다
있는 그대로의 순수와 열망
비린내 나는 육합
나인지 나 아닌지도 구분할 수 없는
냄새나는 곳에서

진정 어디에 존재하는지
어떻게 살아가고 있는지
확인해 보아야 하니까

時空

수백 년 살아도
오늘 이 순간뿐이고
앞으로만 가는 시간에
만나는 것은 모두 처음이다

당신은 어제의 당신이 아니며
사무친 그리움도
죽고 싶던 우울도
흔적 없는 어제의 일이다

광활한 이 순간은
우주 공간에 펼쳐 있고
당신이 꼭 무언가 해야 하는 것도 아니다

새벽 먼동이 트거나
환락의 희열 사이
두려움 사이
잡다한 일상 사이 사이
텅 빈 듯 가득한

항상 처음이라 새로운
이 순간

고독이나 그리움, 자유나 순수 의식
그 무엇이라 불러도 되고
그 무엇으로 채워도 거부하지 않는다

어느 노인의 기도

깊은 주름 해맑은 미소 새기고
검버섯에 연륜의 향기 감돌며
고목에 꽃 피듯 오늘에 충실하게 하소서

늙은 말이 길을 꿰듯
아집보다 사리에 밝게
두려움 대신 평화를
외로움 대신 너그러움 주시어
가난에도 품격과 열정을
지키도록 하소서

살아온 세월만큼
넉넉한 지혜로 말보다 행하게 하시고
이승 떠나는 날까지
항상 당신을 깊이 간직하게 하소서

마지막 히스테리

개나리 진달래 만발한 봄날
달콤한 낮잠에서 깨어
까닭 없는 슬픔에 한없이 울어 본다

어린 날의 찌꺼기가
몇십 년 가슴속에 잠자고 있다가
투명해진 가슴을 뚫고 날아간다

티끌조차 씻어 없애려고
눈 깜박임조차 그 흔적 지우려고

착각

새벽녘 잠 깨면서
몽롱한 무의식이
뜬금없는 생각을 올라타고
나의 뇌는 마냥 부풀어 올라
샤워를 하며 흥얼거린다

오늘따라 날씨도 화창하리
거울 속에 비친 얼굴은
잡티 하나 없는 중년의 여인
상냥한 미소를 날린다

꿈같이 즐기려면
나를 던져야 한다

망망대해로
참으로 꿈꾸는 자의 행복은
순간이 모두
꿈인 줄 아는 자의 몫이다

해인사

미운 생각 내려놓으니
서쪽에서 귀인이 찾아들고
해 지는 골짜기
춥지만은 않은가 보다

해와 달 지고 나면
귀한 마음 등불로 삼으리라
가야산 해인사
고목들이 나를 반겨 주네

야상곡

혹독한 추위
냉혹한 인정도
떠날 때가 있는가

겨울이 산비탈 응달에서
홀로 웅크리다 떠난
그대 빈 그림자

앙상한 나뭇가지 세차게 몰아치며
벌판 가르는 바람 소리는
이별의 야상곡

겨울이
칼날 같은 앙금으로 우짖어도
봄은 기어이 오고야 마는 것을

피안에서 부치는 편지

강 건너 기슭에서
그리움 찾아들면
편지를 쓴다

그림을 그리면 청바지에 물감이 묻어나고
밤새워 쓰는 편지는 맘속에 묻힌다

아침에 일어나 편지를 찢어야 하는 이유는
어제의 것으로 오늘을 맞이할 수 없기 때문이다

흐리고 쓸쓸한 가을날
구름은 햇살을 가두고 바람을 기다린다
수시로 형상을 바꾸어 가는 구름은 내 마음

구름이 쓰는 편지
바람이 전하지만
드넓은 창공에 흩어지지만
햇살 가득하니 아쉬움 있겠는가

양심

진리와 도덕
율법과 법률의 가면을 쓰고
나를 억압하는 그대는 누구인가?

시선과 표정으로 나를 억압하는
그대는 이미 그대 자신에게 지쳐
나약하지 않은가?

호의나 예의로 가장한 가면을
벗어 던지고
있는 그대로
살지 못하는 그대는
어디서 위로 받을까?

소리치는 양심에 재갈을 물리어
어둠에 감금하고
창밖만 바라보는 죄수는 죽는 날까지
철가면에 가려진 자신의 얼굴을 보지 못한다

살아 있는 양심은 항상
스스로를 심판하며
어둠과 맞선다

掃地

닦아도 닦아도
먼지는 하염없고
쓸어도 쓸어도
낙엽은 떨어진다

닦는다고 사라지지 않고
쓸어낸다고 없어지지 않으나
잠시 청결로 족하니
掃地*는 죽는 날까지…….

掃地!
이같이 화창한 봄날에는
빗자루 팽개치고
마음 쓸어 봄이 어떠랴?

＊소지(掃地) : 소제(掃除)의 다른 말, 마당을 쓰는 일

4
바람 앞에 흔들리는 가지

갈방산

6월이면
밤꽃 흐드러지는 마을
홀로 우뚝 선 당산나무 사이로
아득한 유년의 기억들이
달빛으로 피어나네

갈방산 등성이도
푸른 숲들도 일어서서 손짓하는
감미로운 훈풍의 품속

지난날 동심을 수놓던
푸르른 풀밭 사이로
초췌한 어머니의 쉰 목소리

지금도 갈방산 넘어 바람에 실려
메아리로 들리네

길

초행길에 안개 자욱하니
길을 잃을까 두렵다

바람 많은 길에
구름같이 흩어지는 생각들을 따라
오락가락 거닐다 백발이 되었네

햇살 반짝이는 청명한 날에도
눈뜬장님 같고
보아도 들어도 알 수 없음은
스스로 구한 것인가
타고난 숙명인가

한적한 변방에서라도
요행히 몇 줄기 생각 바르다면
더 바랄 것이 있겠는가

숨바꼭질

사랑을 찾거나 금광을 찾거나
인생은 숨바꼭질
누구나 술래

눈 감은 술래에게 세상은 잠든다
쓰고 그리다가 잠이 들면 무엇이 찾아질까
기억이 저물어 가는 술래

흐린 기억 더듬어 나에게 미소를 다오
어릴 적엔 술래가 좋은 줄 몰랐지
술래가 되고파서
어떤 이는 술을 마시고
어떤 이는 머리를 자른다

어렵게 찾고 보면 예전의 나
바로 나 자신이었는데
날 저물어도 찾을 수 없다

돌아서서 이름만 부르면
빼꼼 내밀며 웃어 줄 텐데!

호박

호박의 징그런 생명력
고추나무 파 모두 덮어 죽이고
파마하듯 줄기를 꼬아
나의 캔버스까지 엮어 오네

호박꽃이 예쁜 것은 열매와 함께하고
바탕의 초록을 여백 하니
숭고한 생명의 뜻이었는데

우리 옥분이
마을 입구 서성이다
또 길을 나서야 하나 보다
살아 있는 한 길 떠나야지

내 희미한 기억을 밝히고 있는 삶의 찌꺼기
아직 끝을 보지 못했는데
몇 번의 겨울은 모질게도 길었다

매듭짓지 못한 계절은
바람칼을 들어 우짖는데
태고의 소리 없는 세월이 찾아온다

시간이 앞으로만 가는 까닭은
모두를 소멸시키기 위함이겠지

바람에 흔들리는 가지

바람에 흔들리는 가지
갈대처럼 춤추라고
뿌리는 깊이 심어 두었노라

화창한 봄날의 꽃과
청명한 가을의 열매는
홀로 고귀한 듯
뿌리의 탐욕을 탓하지만
한 몸인 줄 모른다

한 곳에 태어나
저 살기 바쁘건만
돌아갈 길 없는데
너는 어디로 가느냐

요행히 내 죽기 전에 돌아왔으니
이제는 하나임을 알겠지
어찌 이리도 그 어리석음이
하늘을 가린단 말인가

도시의 속삭임

애처롭게 두고 온
씨눈의 구애도 잊은 채
별이 노래하는 까만 밤
야윈 잎새 떨어진다

어제도 오늘처럼 내일도 오늘처럼
뒹굴고 퍼덕이며 때로는 숨 쉴 겨를도 없이
늦가을 해 그림자
등 뒤에 힘없이 주저앉는다

죽음이 다시 피어나
번뜩이는 겉과 속의 이중주

얼마의 잠을 자야 보이지 않을까
무언의 대지와 한 몸이 되어
거름이 되겠다는데

무제

거대한 두부 속을 비집고 다니며
뱅글뱅글 맴도는 바늘 끝
나를 뒤따르는 기다란 실은
친친 감아 온다

수의는 필요 없겠군
살아 있는 미라인가
더 이상 움직일 수 없는 곳에서
죽어 가야 하나

여기서 살아 나가려면
실을 따라 되돌아
되돌아가야 하리

殘像

안개 자욱한 인적 없는 교회
만발한 벚꽃은
비와 함께 내리고

빗줄기 토닥토닥
가슴으로 젖어 내려
말 못한 심상 수채화로 풀어진다

사소한 몸짓 하나하나
殘像을 남기고
오늘도 나비처럼 나풀거리니
기어코 아득한 세월에
殘像으로만 남겠구나

지금 당장

항상 무엇인가 구한다
지금이 아니라면 무엇이나 허상이다
위대한 사상이나 종교보다
때로 한 잔의 커피가 더 소중하다

인생이 한순간인 것은
살아 본 사람들만 아는 것
순간의 놀이가 끝나고
곡소리 들려오면 나 어쩌리

나 타인의 시선에 연연하지 않으려는 것은
죽음 앞에 보다 가벼이 다가가려 함이니
나 오늘도 기꺼이 죽음을 마중하고 있다
생명은 항상 지금 여기 있을 뿐일지니

언어를 넘어서

깊은 깨달음 어떻게 얻어지는가
아집의 언어에서 어떻게 벗어날까

부질없는 생각의 끝을 잡고 서성여도
속 좁은 언어가 나를 붙잡는다

내가 당도한 땅은 언제나 황폐한 땅
이 땅을 어떻게 가꿀까

그래, 한 줄의 시를 쓰자
언어를 넘어선 순수를 찾자

내 육신은 오늘도 지쳐 가지만
광고지 뒷면 흰 여백을 찾는다

한 줄이라도 순수의 언어를 구해야
나는 비로소 살아 있는 것일지니

숙명

살아 있는 것은 움직인다
살아 있다는 것은 무엇인가 꿈틀대는 것이다
거대하고 투명한 막 속에서
뒤척이는 나에게 철학이나 종교
예술은 하나의 자위다

나이가 들수록 새로운 것은 사라지고
세상은 닫혀 간다
이제 남은 것은 희미한 본능
꿈틀거리는 유리병 같다

항상 깨어나 창문을 열어야지
굳어 박제된 생각들을 쓸어내고
새로운 눈으로 세상을 보아야지

두려움과 불안 그리고 지루함으로
소중한 생명을 소모하느니
차라리 간음을 하자

삶은 하나의 거대한 자위다
스스로 위하지 않는 자가
사랑과 진리를
이야기하는 것은 사기일지니

고려장

고생 마다않고 키워 놓은 자식들은
제 길로 가고 늙음과 병고만 남았구나
까마귀 밥 산을 대신해 요양원 가야 하나
갈 곳이라도 있다면 아직은 살아 있겠지

머리 굵어졌다 늙은이 무시 마라
궁핍한 시대에 추억과 진실함은 잊지 말고
시대는 변해도 하나는 별을 만든다

사람 평생 벗어날 수 없는 것은 배고픔이지만
쌀을 씻고 냄새에 지쳐서 입맛은 없는데
배고픔 달래어 줄 사람 없네

과하게 넘치는 세상이다
고이 접은 정성조차 알지 못하네

5

완전한 고독

그대의 고요함

세상의 온갖 비밀은 고요 속에 있다
고요함이 성장하여 꽃이 피면
향기만 남고 형체는 없다

홀로 있거나 사람들과 함께하더라도
고요함을 놓치지 마라
고요함은 절대의 고독
독존의 깊은 맛이다

고요함을 지키는 힘은
순결과 정조이다
그 고요함을 바라보라
나는 살아 있다

그 누가 아픔으로 듣고 있는가

시간이 아직 내 곁을
서성거리고 있음은
남아 있는 작은 목숨을
소멸시키기 위해서일 거야

사람도 사랑도 예술의 자취도
모두 바람에 휘돌다가 사라지듯
존재의 끝은 모두
울부짖는 바람 같은 것일 거야

세월 이길 장사 없다지만
시간보다 내가 먼저 앞서가지 뭐
숨결 가빠져도 자꾸 앞만 바라보지 뭐
내 언제 이런 생각하게 되었노
아
아

불쌍한 사람들

부자가 되어도
사랑을 해도
행복할 수 없는 사람들

걱정이 없어도
할 일 없이 편안해도
불행한 사람들

가득한 지식과
넘치는 건강을 가지고도
불행을 향하는 사람들
어디로 가는가

아아 아프지 않고
정신만 맑다면 좋으련만

특이점

펼쳐진 우주의 공간 거슬러 돌아가면 한 점
조상의 뿌리를 캐다 보면 한 사람
어원을 찾아보면 한 글자

잡다한 수식과 말들은 하나로 돌아가고
그 하나는 영원으로 사라진다
인생은 불꽃으로 사라진다

건반을 춤추던 손가락처럼
자유롭게 살려 해도
기쁜 곡조는 어느새 슬픈 곡조
리듬의 舞曲은 침묵의 無哭

사는 것이 하나의 연극이 아니라면
투쟁인가 노래인가
이제는 슬픈 곡 틀어 놓고도
춤을 추어야 하네
기쁜 곡 틀어 놓고도 울어야 하네
그래야 살아 있는 것이네

완전한 고독

고독이 없다면
철학도 詩도 광기 어린 깨달음도 없으리
광막한 세상에서
노름꾼같이 모든 것을 걸어
절대적 고독과 외로움 앞에 서야 한다

자! 이제 다시 이 땅 위에서
빛을 보고 눈이 멀어 버린 친구들과
허상을 좇아 생을 낭비하는 사람들과
작별을 고한다

나는 나만의 삶을 살 것이다
허무와 부질없음 앞에
나만의 등불을 밝혀 들고

소인과 대인

오뉴월 서릿발 같은 恨
정화수에서 비롯되고
유배길 한스러움
지식에서 비롯되었구나

연약한 여인의 욕망에
韓信의 목이 날아가니
충절인들 무슨 소용 있으랴

우주를 날아다녀도
이치는 변하지 않네
無名小卒 밥 짓고
빨래하는 까닭을 아는가

오십보백보라 하지 마라
종이 한 장이 가르는 차이는
변과 깨끗한 손이다

같은 행동이지만
소인과 대인의 차이는
형언하기 어렵다

무색의 땅

여긴 무색의 땅
잠든 바람 한 점 쉴 곳도 없이
누런 거리에는 아픈 기억을 내뱉는
나는 무슨 약속을 당신 앞에
내놓아야 합니까

많은 눈이 내린다는
TV에 흘러나오는 시간들
허공에 가득 채워진 이 겨울
그리움처럼 번져 나오는 것들을
눈밭에 묻어 둔 채

형색 없는 색깔로 떠돌다
사라지는 이 길로
조심스레 날개를 펴 보는 수밖에

사랑과 침묵

한 길 사람 마음 알 수 없듯이
어떤 사랑은 쉽게 드러나지 않아

흔들리지 않는 침묵 속에서
깊은 사랑 말할 수 없는 것은
가슴 깊이 묻어 두기 때문

이유나 목적조차 없으니
순수하고 자유롭지
깊고 넓어 거룩함과 숭고함마저
지나치고 말지

이런 사랑을 만날 수 없는 것은
자신의 가슴속에만
숨겨 두기 때문이겠지

老子의 물

하늘에서 내려와
굽이굽이 계곡을 따라 돌다가
흙탕물도 되고
진창에 썩어 문드러지다가
늪을 지나 바다로 흘러간다

겸손하고자
낮은 곳으로만 흐르는가

아니다
그저 본성에 따르는 것이다

진정 겸손하고 싶다면
물처럼 구름처럼
그렇게 흘러 보아라

본성에 충실함이 참된 겸손일진저
이타적 삶의 행복을 누리고 싶다면
먼저 스스로 자유로워야 한다

비처럼 구름처럼 베푸는 것이
살아 있는 전부이다

나른한 오후의 산책

손가락조차 까딱하기 싫은
화창한 봄날 아침

늘어진 근육과 정신은
우울증 환자 되어
프로이드가 깨달은
죽음에의 본능으로 향한다

한때의 나태함을 즐긴다면
미처 죽지 못한 근육과 정신은
어쩌면 열정과 창조로 깨어날까

제아무리 죽고 못 살아도
대신 아파 줄 수 없고
살아 줄 수 없다

그 어떤 길이건 유일한 내 생명
지금 여기서 하찮은 것이라도
할 수 있는 것이 있다면 행복해야 한다

꽃비가 오거나 눈보라가 치거나
또 가야 한다
목적은 아무런 의미도 없다
그저 산책일 뿐이다

힘겹고 고통스러운 날에는
조금 쉬어 가면 될 뿐이다

그렇게 살자

속절없는 인정머리
헛웃음 날리며
바보 같아도 착하게 살자
맘이라도 편안하게

손해도 보면서
가끔씩 욕도 먹고
원망일랑 남기지 말자

저마다 곡절로 떠나왔지만
아직은 살아 있음에 감사하고
가슴 아린 것은 내 탓이요
살아 있는 것은 네 덕분이다

때로 살아 있는 그 자체가
크나큰 허물일지니

인생

화려한 것을 자랑하며
짝을 구하는 孔雀같이
존경과 논리의 이념으로 치장해서 유혹한다

짝짓기를 마친 孔雀은
순진한 눈망울의 낙타가 되어
거친 광야의 땅으로 간다
사막에서는 신과 빛조차 악마와 같다

깃털이 자라 노쇠한 바다가 되지만
고난의 여정에서 깨달은 지혜로
허물을 벗어 던지고 뱀이 된다
뱀의 지혜는 깊이와 넓이도 한이 없지만
추악함에도 끝이 없다

자신을 돌보지 않는 사람에게
지혜는 애써 외면해야 하는 가시이다
지혜롭기 어려운 까닭은
순간에 반짝이는 빛이기 때문이다

벗겨진 허물에 따라
개나 원숭이가 되기도 하고
사람이 되기도 한다

사람이 뭐라 해도
자연은 사람을 개처럼 끌고 간다
야생의 늑대는 자연의 고삐를 자르고
자유롭게 산책하길 원하지만
달을 보고 짖어 대는 소리는 쓸쓸하여라

푸쉬킨의 시어에 매료된 때가 좋았을까
아름다운 문장들은 상투를 틀고
진부해져 버렸다.
삶은 단 한 번도 나를 속인 적 없고
항상 내가 스스로 속여 왔다

그렇구나
내 고꾸라진 지팡이에
늦더라도 꽃이 피면 얼마나 좋을까

그렇구나
언제나 욕심 부리는 것이
인생이로구나

해설

시와 그림, 그리고 풀무질

—그리움 삭혀 들고

심후섭

해설

시와 그림, 그리고 풀무질

—그리움 삭혀 들고

심후섭沈厚燮*

1.

최옥영 시인과의 인연은 두어 해 전 대구원로미술인회 정기전으로부터 시작되었습니다. 대구원로미술인회에는 미술을 전공한 오랜 교직 선배님들 대여섯 분이 회원으로 계셨습니다. 그러한 인연으로 수성아트피아 전시실에서 열린 전시회에 초대를 받게 되었습니다.

이때 화가이시기도 한 최옥영 시인을 만나게 되었는데 곧 최옥영 시인이 대구원로미술인회의 회장을 맡게 되셨다고 들었습니다.

---

* 아동문학가. 교육학박사·1980년 '창주문학상' 동시부문 당선. 1984년 '매일신문 신춘문예'·동화부문 당선·동시집 『도토리의 크기』로 '김성도문학상' 수상

그리고 얼마 뒤에는 최옥영 시인의 개인전 '달 항아리 전'이 또한 수성아트피아 전시실에서 개최되었습니다. 이때에도 초대를 받게 되었는데, 느닷없이 사회자가 저에게 축사를 부탁해 왔습니다. 아마도 둘레의 교직 선배님들이 미술가들의 축사에 이어, 이 자리에 문인이 한 사람 와 있으니 시켜 보라고 추천한 것 같았습니다.

그리하여 마땅히 해야 할 말을 생각할 겨를도 없이 엉겁결에 앞으로 나가게 되었습니다. 그리하여 대강 다음과 같이 얼버무린 기억이 납니다.

"'그림'이란 '그리움'이 줄어서 된 말이 아닐까 생각한 적이 있습니다. 그리움이란 말은 늘 가슴을 설레게 합니다. 그 설렘이 그림으로 또 글로 나타나는 것이 아닐까 합니다.

글에도 '장면을 그려내다', '심리를 그려내다'와 같은 말이 있고 보면 글을 쓰는 일은 그림을 그리는 일과 상통한다고 봅니다.

그런 의미에서 보면 최옥영 시인은 시도 쓰시고 그림도 그리시니 작품에 나타나는 그 아름다움이 더욱 남다를 것이라고 생각합니다."

라는 요지의 축사를 하게 되었습니다.

그러고 나서 며칠 뒤 최옥영 시인은 아직 습작 중이어서 부끄럽지만 꼭 보여 주고 싶다며 시 원고 뭉치를 보여 주셨습니다. 나는 선뜻 받아 들지 못했습니다. 시에 대한 깊은 소양이 부족하였기 때문이었습니다.

그리하여 나중에 몇몇 시인을 만나 의논을 하기로 하고 겨우 펼쳐 보게 되었습니다. 지나치게 사양하는 것은 도리가 아니라고 생각했기 때문이었습니다.

그리하여 그 자리에서 한 편씩 대충 넘겨 보았는데 잘은 모르겠지만 계절의 변화에 따른 자신의 심사를 노래한 것, 가족이나 친구를 노래한 것, 평소 깊이 생각에 잠겼던 화두를 파고든 것 등 몇 가지 분류 기준에 따라 작품을 나눌 수 있겠다는 생각이 들었습니다.

즉 돌아보기, 파고들기, 새롭게 바라보기, 줄기 세우기, 색감 입히기 등의 일련의 시작 활동 모습이 그려졌습니다.

의견을 나누던 중 자연스럽게 시집 발간 문제가 나왔습니다. 이때 최옥영 시인은 무엇보다도 작품이 만족스럽지 못해 망설여지기는 하지만 나이도 있고 하니 이번에 한번 용기를 내겠다고 하셨습니다.

또한 시집 뒤의 붙임 글에 대한 이야기도 나왔습니다. 그리하여 몇몇 시인을 추천하려 하였으나 자신의 문단 활동이 활발하지 못하여 지금 새삼스럽게 추천의 글을 받으러 나서기가 힘들다고 사양을 하셨습니다. 그리고 간단하게라도 좋으니 최근에 자신의 시 작품을 가장 많이 대한 사람이 붙임 글을 쓰는 것이 좋겠다며 한사코 저에게 맡기셨습니다.

며칠을 기다려 또 몇 분을 추천하였더니 대답은 전과 같았습니다. 이에 사양할 수가 없어 제가 감히 몇 자 적기로 하였습니다.

그리하여 시에 대해서 잘 모르지만 제 입장에서 본 느낌을 몇 줄 쓰게 되었습니다. 널리 이해를 바랍니다.

2.

이 시집은 최옥영 시인이 두 번째로 펴내는 시집입니다. 제1시집 『덧없는 반추』가 2010년에 나왔으니 이 시집은 꼭 10년 만에 나오는 것입니다.

그동안 시인은 여러 차례 전시회를 여는 등 그림에 몰두하면서 시는 속으로만 삭혀 왔다고 술회하셨습니다. 그리하여 남에게 보이기가 부끄럽다며 여러 번 망설이다가 이제 한 번은 정리를 해야 다음 계획을 세울 수 있겠다는 생각이 들었다고도 하셨습니다.

그리하여 60여 편을 가려내어 5부로 나누고 각 부에는 12편의 시를 배열하기로 하였습니다.

제1부는 주로 자연과 자아에 대한 성찰을 담은 시, 제2부는 가족과 친지에 대한 시, 제3부에는 지나온 발자취를 돌아보는 시, 제4부에는 주로 평소 화두에 대한 추구를 토로

한 시, 제5부에는 현실을 돌아보고 미래를 생각하는 시 중심으로 배열하였습니다.

최옥영 시인의 시는 형식적인 면에서는 비교적 긴 호흡의 장시가 많았습니다. 이는 깊은 사색의 결과로 보입니다. 이번에는 가독성을 고려하여 의도적으로 연을 나누려고 애썼다고도 하셨습니다.

내용적으로는 매우 다양한 분야에 깊은 관심을 보이고 있었습니다. 또 화가적인 발상을 시에도 적용하려 한 느낌이 드는 시도 많았습니다.

첫째, 끊임없는 자기 성찰을 추구하고 있습니다.

사람은 누구나 자신에 대한 탐구를 추구합니다. 그리고 이를 작품으로 나타내려는 사람은 더욱 깊이 자신을 돌아보게 될 것입니다.

최옥영 시인 역시 자기 성찰에 대한 추구를 통해 자신의 정체성을 더욱 깊이 추구하고 이를 삶과 예술의 방향타로 적용하고 있는 듯하였습니다.

사람은 또한 흘러가는 시간에 적응해 나가게 됩니다. 때로 시간과 맞섰다가 무너진 사람도 많습니다. 최옥영 시인은 시간의 변화에 따른 자신의 심사를 자기 성찰로 전환하여 시 작품에 투영시키고 있습니다.

무한한 존재들과 얽혀
나는 나조차 구분할 수 없다
진정 아름다운 것에서
나는 소멸되고 만다

— '봄 뜨락' 마지막 연

아름다움을 추구하며 거기에 머물고 싶다는 의지의 표현으로 다가옵니다. 또한 봄과 자신을 분리시키지 않고 있어 장자莊子적인 사유로도 다가옵니다.

새벽녘 홀로 깨어
잠들어 버린 기억으로
나를 돌아본다

— '凍土의 밤' 제3연

썩어 문드러진
세월을 거름 삼아
나 혼자 피어나는 꽃

어쩌다 꽃은 피었건만
뿌리의 오욕은 그대로 남았다

— '이름 없는 꽃' 제1, 2연

처절한 자기반성을 시도하고 있습니다. 이는 1회성으로

끝나는 것이 아니고 시를 쓰거나 그림을 그릴 때마다 떠올려 속됨에서 벗어나고자 하는 시도를 계속하고 있음을 나타내는 것이기도 합니다.

이 몸이 죽고 썩어
천 년이 되었건만
쉬이 쓰러지지 않는 것은
기암괴석 파고든 뿌리 덕분

— '老松의 노래' 제3연

그리하여 자신은 늙은 소나무처럼 살아갈 수밖에 없다는 것을 내비치고 있습니다.

자신의 현실을 정확히 돌아본다는 것은 곧 엄숙한 삶의 자세를 확립하는 길이기도 합니다. 날마다 자신을 돌아보며 자신의 삶과 일체一體인 예술 활동을 치열하게 구축해 나가고 있음이 느껴집니다.

둘째, 사물의 본질을 깊이 파고들고 있습니다.

톨스토이가 불후의 명작 『예술론』을 쓰게 된 동기는 한 어린아이의 순진무구한 질문에서 비롯되었다고 합니다.

"선생님, 새들은 왜 울어요?"

아마도 당시 이 아이는 '새들은 왜 노래를 해요?' 하고 물었는지도 모르겠습니다. 마을 아이들에게까지 널리 알려져 있는 톨스토이였지만 이 물음에 대한 답은 금방 내놓지 못했다고 합니다.

그 뒤, 톨스토이는 사물에 대한 본질을 파악하는 것이야말로 예술가의 임무라고 생각했다는 것입니다.

최옥영 시인의 시에는 이러한 노력이 많이 나타납니다.

바람이 일렁이는가
깃발이 일렁이는가
내 마음이 일렁인다

— '하얀 캔버스 앞에서' 제1연

삶에 있어서 철저한 자기인식만큼 중요한 것도 없을 것입니다. 예술 활동도 마찬가지라고 봅니다. 삶 그 자체가 예술이기 때문입니다.

별들이 서로 멀어져 가듯이
우리는 모든 사물들로부터 멀어져 가야 한다
완전한 고독과 자유 속으로

— '자화상' 제3연

생을 만났으나

항시 죽음이 가까이 있고
사랑함이 많아
아픔도 가득하네

— '인연' 제2연

최옥영 시인은 여러 인과因果 관계를 달관하듯 그려내고 있습니다. 사물과 사물 간, 사물과 사람 간, 사람과 사람 간은 물론 자신의 내면에 자리한 자신과 자신 간의 인과 관계 또한 깊이 파고들어 그에 자신의 결론을 제시하고 있습니다. 그리고 이를 시와 그림으로 승화시키고 있습니다.

최근 발표한 시인의 회화 작품 '달 항아리' 연작을 살펴보노라면 자개 박편을 계속 이어 붙여 나가 마침내 둥근 원을 그려내고 있습니다.

얇은 자개 박편을 핀셋으로 수백 수천 점을 일정한 흐름에 따라 이어 붙인다는 것은 일상의 반복을 상징하는 것이면서도 피할 수 없는 그 무엇을 추구해야 하는 삶의 본질에 대한 상징이 아닐까 하는 느낌이 듭니다.

또한 최옥영 시인의 달 항아리는 각각 그 색깔과 무늬를 달리하고 있습니다. 때로 어느 한 부위에 슬며시 장미꽃이나 구름을 곁들이기도 합니다. 있는 듯 없는 듯 곁들인 무늬는 결국 화가이자 시인이 나타내고자 하는 어떤 메시지로 다가옵니다.

셋째, 일상을 돌아보고 늘 새로움을 찾고 있습니다.

사람의 공통된 심사 중의 하나는 회한悔恨에 젖게 될 수도 있다는 것이 아닐까 합니다. 이 회한은 부족해도 지나쳐도 제구실을 하지 못하게 됩니다.

최옥영 시인은 이 회한에 주저앉지 않고 이를 늘 예술의 새로운 동력으로 승화시키고 있습니다.

“사람에게는 언제나 오늘이 있을 뿐이다.”라는 말이 있듯이 시인은 지금 이 순간을 허투루 낭비하지 않고 늘 새로움을 추구하고 있습니다.

시인에서 화가로, 화가에서 시인으로 끊임없이 자신을 가꾸어 온 시인의 궤적이 이를 뒷받침하고 있습니다.

이끼 낀 명상에서
고통의 허물을 벗고
툭툭 일어나고 싶은
어느 아득한
그
날

— ‘어느 봄날’ 마지막 연

오래된 관습과 끈적거리는 현실의 늪에서 일어나 새로운 모습으로 나아가고자 하는 시인의 의지가 느껴집니다.

꽃 같은 내 지난 젊은 날
붉은 벽돌 그윽한 종소리
지금은 어느덧 저물어 가는
검은 옷이 겨울바람에 묻히고 있다

— '성당의 종소리' 마지막 연

아마도 시인은 건강이나 또 다른 사유로 죽음을 깊이 생각해 본 적이 있지 않았을까 하는 생각이 들게 합니다. 사람에게는 누구에게나 절박한 위기가 있을 것입니다. 그 끄트머리를 어떻게 마무리를 해야 할까 하는 문제는 온전히 그 삶의 주체에게 있음을 보여 주고 있습니다.

깊은 주름 해맑은 미소 새기고
검버섯에 연륜의 향기 감돌며
고목에 꽃 피듯 오늘에 충실하게 하소서

— '어느 노인의 기도' 제1연

자신은 비록 나이가 깊었지만 고목에서 꽃이 피어나듯 결코 주저앉지 않겠다는 의지를 토로하고 있습니다. 이 토로는 점차 기도로 바뀌어 가고 있습니다.

기도는 근본적으로 겸손을 바탕으로 하고 있습니다. 절실한 기도는 그동안의 삶을 통해 결을 삭혔다는 것을 말해 줍니다.

넷째, 구도자의 입장에서 삶의 원리를 찾고 있습니다.

최옥영 시인은 시를 통해 우리가 나아가야 할 방향을 찾고 있습니다. 때로 표호標號 하듯 그 길을 제시합니다. 이는 시인이 양극단을 경험한 끝에 진정한 길을 찾았다는 것을 말합니다. 길을 찾았다는 것은 그만큼 오랜 세월 동안 고뇌하고 시행착오를 겪으며 내공을 쌓았다는 것을 의미하기도 합니다.

이는 예술가가 아니더라도 인간이면 누구나 완수해야 할 과업이기도 합니다. 이 경지에 이르렀을 때에야 비로소 예술가로서 완성된 충만함을 맛보게 될 것입니다.

서글픈 가난은 내 삶의 원동력이니
나는 가난함을 두려워하지 않는다
진작 나를 좀먹는 것은 두려움 그 자체이리니

— '내 사는 것을' 마지막 연

"자기가 자신을 이기지 못하면 타인의 지배를 받을 것이다."라는 경구를 떠올리게 합니다. 비록 처해진 현실이 각박하더라도 이를 바탕으로 자신을 세워 나기기 위해서는 먼저 자신 내부의 두려움이라는 적과 싸우지 않으면 안 된다는 결론을 제시하고 있습니다.

권태로운 왕자는
궁전을 버리고
정글로 가야 하리

— '권태' 마지막 연

또한 자신 내부의 권태로움을 떨쳐내지 않고 현실에 만족하면 진정한 사람의 가치를 찾을 수 없다고 외치고 있습니다. "머무는 왕자는 불행하다. 왕자 노릇밖에 할 수 없기 때문이다."라는 구절을 떠올리게 합니다.

본성에 충실함이 참된 겸손일진저
이타적 삶의 행복을 누리고 싶다면
먼저 스스로 자유로워야 한다

— '老子의 물' 제5연

고독이 없다면
철학도 詩도 광기 어린 깨달음도 없으리
광막한 세상에서
노름꾼같이 모든 것을 걸어
절대적 고독과 외로움 앞에 서야 한다

— '완전한 고독' 제1연

위의 시를 통해 시인은 많은 삶의 원리를 제시하고 있음을 볼 수 있습니다. 한 번 내린 결정은 다른 상황에서 수정

해야 할지도 모르겠습니다. 그러나 시에 나타난 단호함으로 보건대 시인의 제시는 확고해 보입니다.

이러한 결론을 내리기까지에는 많은 내공을 쌓아야 할 것입니다.

다섯째, 색감을 느끼게 하는 시어가 많이 구사되고 있습니다.

시인은 화가의 길을 함께 걷고 계십니다. 그래서인지 시각 이미지 중심의 시가 많이 등장합니다. 시를 통해서 구도를 잡고 색깔을 입히고 있습니다. 이는 시 창작과 미술 작품 활동을 연계하고 있기 때문일 것입니다.

그리하여 시에서 부족한 것은 그림으로 표현하고 그림으로 미처 말하지 못한 것은 시로 표현하는 게 아닐까 합니다. 결국 최옥영 시인은 그림과 시를 상호 보완적으로 활용함으로써 그림은 그림대로, 시는 시대로 풍성함을 거두고 있는 것으로 보입니다.

새싹이 봄을 깨우는
연둣빛 수묵화 향기
빗줄기 토닥토닥
가슴으로 내려앉는다

— '봄 스케치' 마지막 연

석 달 열흘 수백 년
배롱나무꽃은 피고 지고
애절한 어리석음
자줏빛으로 물들었네

— '恨' 마지막 연

사람아,
내가 눈물과 함께 광포해지거든
너는 백색의 펄럭이는 깃발을
대지에 세워야 한다

— '나의 바람' 제4연 일부

추억을 풀무질하며
소리 없이 찾아오는
저 순백의 무늬를 좀 보세요

— '추억의 풀무질' 마지막 연

모두 선명한 시각적 이미지를 바탕에 깔고 있습니다. 따라서 그 장면을 자연스럽게 떠올릴 수 있게 해 줍니다.

특히 색깔을 나타내는 시어는 색깔 자체가 가지는 다양한 의미와 더불어 시인의 의도가 결부되어 독자들에게 여러 심상을 불러오게 됩니다. 위의 예시에서는 '백색', '순백' 등 흰색이 여러 번 나타나고 있습니다.

화가이자 시인인 최옥영 시인이 이 색깔에 어떠한 의미를 투영시키고 있을지에 대한 사유는 순전히 독자의 몫입니다.

우리가 푸른색이라 부르는 블루blue의 경우만 하더라도 서양에서는 시 블루sea blue, 스카이 블루sky blue, 코발트 블루cobalt blue에 이어 프러시안 블루Prussian blue, 네이비 블루navy blue, 로열 블루royal blue, 마린 블루marine blue, 베를린 블루Berlin blue, 베이비 블루baby blue, 미드나이트 블루midnight blue, 스모크 블루smoke blue, 세룰리안 블루cerulean blue, 시안 블루cyan blue, 인디고 블루indigo blue, 오리엔탈 블루oriental blue, 터어크와즈 블루turquoise blue 등 그 종류는 사람의 수만큼이나 많다고 합니다.

밝은 청록색bright blue-green, 새뜻한 청록색vivid blue-green, 녹색 기미의 흐린 청색dull greenish blue, 어두운 청색dark blue이니 하는 표현처럼 설명 투의 일반적인 지칭도 있지만, '7.5BG 6.0/6.0', '10BG 4.0/10.0'과 같은 과학적 분류 기호도 있습니다.

그러나 시어에서는 대체로 '피콕 블루peacock blue', '나일 블루Nile blue'처럼 쓰는 것은 그만큼 이러한 색감이 사람마다 다르게 다가와 다른 심상心象을 떠올리게 하기 때문일 것입니다.

최옥영 시인의 시에 나타나는 여러 가지 색깔 이미지들을 어떻게 받아들이느냐 하는 것은 시인의 시를 이해하는 데에 깊은 의미를 가진다고 생각합니다.

3.

지금까지 주제넘게 최옥영 시인의 작품에 대해 몇 가지 이야기를 꺼내었습니다.

최옥영 시인은 끊임없는 자기 돌아보기를 통해 삶과 사물의 본질을 추구하고, 이를 시로 승화시키고 있습니다. 또한 사물에 대한 깊은 파고들기를 통해 시인이 표현하고자 하는 대상을 내밀하게 자기화하고 있습니다. 뿐만 아니라 일상에 대해서도 새로 보기와 고쳐 보기를 통해 미처 놓치고 있는 것은 없는지 찬찬히 살피고 있습니다. 그리고 그 결과를 삶의 방향으로 분명하게 제시하고 있습니다. 시인의 시어詩語에 시각적 이미지와 색상 이미지가 두드러지는 것은 시인이 화업畫業을 겸하고 있기에 당연한 결과이며 이러한 표현이 시인의 시상詩想 전개에 많은 역할을 하고 있습니다.

최옥영 시인은 시로써 때로 속살거리면서도 때로 표호標號합니다. 최옥영 시인의 시가 더욱 많은 사람들의 가슴에 다가가게 되기를 기원합니다.

삶에의 풀무질은 계속될 것이고, 그리하여 마침내 아무리 억센 무쇠라 할지라도 기어이 녹여내고야 말 것입니다.

감사합니다.

최옥영

1994년 '삼성생명' 문예공모 시 부문 우수상을 수상하면서 작품 활동을 시작하여, 『문학예술』 신인상(시 「봄의 새벽을 가르며」)으로 등단하였으며 『시와 반시』에서 창작 활동을 하였다. 한국문인협회, 한국현대시인협회, 한국문학예술가협회 회원이며 한국미술가협회 회원 및 대구원로미술인회 회장으로 활동 중이다.

shs7777@hanmail.net

최옥영 시집
추억의 풀무질

초판 1쇄 발행 2020년 5월 15일

지은이 최옥영
펴낸이 이은재

펴낸곳 도서출판 그루
출판등록 1983. 3. 26(제1-61호)
주소 06121 서울특별시 강남구 봉은사로 129, 1210호
42452 대구광역시 남구 큰골 3길 30
전화 02-358-1161, 053-253-7872
팩스 053-257-7884
전자우편 guroo@guroo.co.kr

ISBN 978-89-8069-419-8